La Ligue anglaise en 1846

1846

LÉON FAUCHER

TABLE DES MATIÈRES

LA LIGUE ANGLAISE EN 1846

La ligue est sans contredit l'exemple le plus complet et le plus éclatant du succès que peut obtenir un mouvement d'opinion en Angleterre. Pour la première fois dans l'histoire de ce peuple essentiellement hiérarchique, on voit, des bourgeois, des parvenus, se mettre en campagne sans arborer quelque drapeau blasonné et sans avoir à leur tête une fraction de l'aristocratie. Pour la première fois, une réunion d'hommes luttant contre des intérêts que la constitution protège n'appelle à son aide ni transactions ni délais, et remplit son programme, un programme de révolution, dans l'intervalle, des sept années que doit durer une législature. On a comparé les progrès de la ligue à la course d'une locomotive ; elle porte en effet le cachet, et elle est en même temps la merveille d'une époque d'improvisation.

Je ne veux rabaisser aucune des tentatives qui ont été faites, depuis le commencement du siècle, de l'autre côté du détroit, dans l'intérêt des libertés publiques. Tous les monopoles ont été successivement attaqués : après le monopole religieux, le monopole politique, et, après les privilèges qui avaient leur raison d'être dans l'histoire, le monopole plus récent dont jouissent, pour les produits de la terre, les propriétaires du sol. Aucune exception cependant ne tenait de plus profondes racines ; le privilège foncier enchaînait l'intérêt de celui qui cultive à l'intérêt de celui qui possède, et rien ne semblait plus difficile que d'aliéner à leurs maîtres les vassaux de cette autre féodalité.

L'association catholique, qui détermina par son attitude imposante les concessions de 1829, avait trouvé le terrain préparé par trente années de controverse. Ce que le duc de Wellington accorda aux populations à demi soulevées de l'Irlande, Pitt lui-même, dès 1804, l'avait jugé possible, en admettant les partisans avoués de l'émancipation à siéger avec lui dans le conseil. L'union politique de Birmingham, cette conjuration légale de toutes les classes de la société en faveur de la réforme parlementaire, avait été précédée long-temps auparavant par les démonstrations des grands seigneurs whigs obéissant à l'impulsion un peu radicale du duc de Richmond et de lord Grey. Celui-ci n'accomplit qu'à la fin de sa carrière un projet qui en avait signalé les débuts. Encore fallut-il l'élan imprimé aux idées de liberté en Europe, par la commotion de 1830, pour venir à bout des résistances qu'un demi-siècle de propagande avait déjà ébranlées.

La cause de la ligne est la seule qui ait triomphé, sans cesser d'être une question de classe, et sans trouver un appui réel, pas plus dans les rangs élevés de la société que dans les régions inférieures. Elle a vaincu, grace à une organisation savante, par la simplicité des moyens, par le talent et par l'indomptable énergie de ses chefs, par la puissance des intérêts qu'elle représente. Le succès de la ligue a dépassé les espérances de ses partisans et les craintes de ses adversaires. Jamais encore l'avenir ne s'était plus soudainement rapproché du présent. Au printemps de 1839, lorsque les délégués de cette grande confédération, qui sortait à peine de ses langes, vinrent présenter leur pétition à la chambre des communes, on s'étonnait de la naïve confiance avec laquelle ils entreprenaient non pas de modifier ni de corriger, mais de faire abolir sur l'heure et d'une manière absolue les lois sur les céréales ; et, dans ce parti réformiste qui les avait accueillis avec une bienveillance un peu incrédule, les plus politiques leur disaient : « Abolir les lois sur les céréales ! vous auriez aussitôt fait de renverser la monarchie [1]. »

La monarchie reste debout, mais le système protecteur a reçu le coup de grace. Les grands propriétaires et leurs fermiers, qui n'avaient, au dire de sir Robert Peel, réclamé le privilège d'approvisionner le marché intérieur que pour suivre l'exemple des manufacturiers et des marchands, vont être forcément ramenés à cet âge d'or de leur innocence primitive, dont parle Adam Smith, quand il avance, moins en économiste qu'en historien, que « les propriétaires fonciers et les fermiers, à leur éternel honneur, sont de toutes les classes de la société la moins entachée de l'esprit de monopole. » L'aristocratie désormais ne peut plus gouverner qu'en vertu de la capacité, et dominer que par la grandeur morale. L'industrie lui dispute ses cliens, et le commerce l'égale en richesse. Si donc l'aristocratie ne change pas de caractère, le pouvoir changera de mains.

La ligue a grandi en peu de temps, elle a grandi avec les obstacles qu'elle rencontrait ; mais aucune association n'a eu des commencemens plus humbles. Trois hommes, je l'ai dit ailleurs [2], lui servirent de parrains à sa naissance : un membre de la chambre des communes, le docteur Bowring ; le rédacteur du Manchester Times, M. Prentice, et un membre de la chambre du commerce, M. J.-B. Smith. Sous ce patronage assurément plus éclairé que notable, un économiste amateur, M. Paulton, allait de ville en ville, prêchant contre les lois qui restreignent l'importation des grains étrangers. S'étant d'abord fait entendre à Manchester, il échauffa bientôt de sa parole les manufacturiers de Birmingham, de Wolverhampton, de Coventry, de Derby, de Leicester et du Nottingham ; mais la première démonstration un peu sérieuse fut la pétition votée, à la fin de 1838, par la chambre de commerce de Manchester, pétition que l'on met aujourd'hui, en matière de liberté commerciale, sur la même ligne que la fameuse déclaration des droits. Il y était dit que, « sans l'abolition immédiate des lois rendues pour empêcher l'introduction des grains, la ruine des manufactures devenait inévitable, et que l'application, sur une plus grande échelle, du principe de la liberté commerciale pouvait seule assurer la prospérité de l'industrie et le repos du pays. »

Par cette démarche, qui eut un grand retentissement, la chambre de commerce de Manchester se rendait l'organe de l'industrie britannique. En cela, comme en toutes choses, depuis le règne de la vapeur, Manchester prenait l'initiative. Après avoir donné à l'Angleterre la manufacture de coton dans la personne d'Arkrwight, et le gouvernement modérateur dans la personne de sir Robert Peel, l'inépuisable fécondité du Lancashire allait encore se signaler dans les instrumens de l'agitation libérale, en produisant un administrateur comme M. Wilson, des orateurs tels que M. Cobden et M. Bright, et un nombre incroyable de ces natures d'élite qui, en se dévouant à la chose publique, ne comptent pour rien les sacrifices de temps et d'argent.

L'agitation populaire, même dans un pays tel que la Grande-Bretagne, où elle sert de complément et d'auxiliaire, aux pouvoirs établis, n'est en général qu'une fièvre passagère de la société, qu'un vigoureux coup de collier donné, au moment opportun, en faveur d'un intérêt ou d'une idée. La ligue seule a imaginé d'en faire un moyen de gouvernement. Dès le début, la ligue a formé une sorte d'état dans l'état. Depuis près de huit ans que le conseil de la ligue, ce parlement de la réforme commerciale, siège à Manchester, il n'a pas cessé de rendre des décrets, que son président promulgue, que son journal et ses pamphlets expliquent au peuple, et que ses missionnaires vont ensuite faire exécuter dans les villes ainsi que dans les comtés.

Cette courte, mais brillante histoire a trois époques bien distinctes la période contemplative, celle qui, comprend les études, les tâtonnemens et l'enseignement par la presse et par 1a parole la période active ou de propagande, qui s'étend de 1843 à 1845 ; enfin la période politique ou d'influence, celle où la ligue, faisant et défaisant les majorités électorales, effraie l'aristocratie et amène les chefs de parti à capituler. A chacune de ces époques, l'enthousiasme va croissant, et avec l'enthousiasme les sacrifices. Le budget de la ligue grossit d'année en année : en 1839, 6,000 liv. sterl. ; en 1840 et 41, 8,000 liv. sterl. ; en 1842, 10,000 liv. sterl. ; en 1843, 50,000 liv.

sterl. ; en 1844, plus de 100,000 liv. sterl. ; enfin, en 1845, 250,000 liv. sterl. Je ne compte pas dans ces contributions volontaires les 5 ou 600,000 liv. sterl. qui ont été dépensées par les cliens de la ligue, en 1844 et en 4845, à acquérir les propriétés qui leur confèrent les droits électoraux.

Le conseil exécutif de la ligue se partage en comités, de même qu'un gouvernement distribue les matières d'état entre divers ministères. Il comprend le comité d'agriculture, le comité de commerce, le comité de publication, le comité électoral, et jusqu'à un comité religieux. On aura une idée de l'étendue des relations que le conseil entretient, quand on saura que, dans une contrée où le port d'une lettre ne coûte que 10 centimes, il dépense en moyenne, pour ce seul article, 5 à 600 francs par jour. Plus de cent comités locaux, dans la Grande-Bretagne, correspondent avec le comité central de Manchester.

Les publications qui émanent de la ligue sont innombrables. Outre un journal hebdomadaire, qui, après avoir paru d'abord sous le titre dAnti-corn law circular, et plus tard sous celui dAnti-bread-tax circular, prit, en 1843, en agrandissant son cadre et son format, le nom de la Ligue elle-même, chaque semaine, des milliers d'adresses et de brochures sont répandus d'un bout du royaume à l'autre. En 1843, le chiffre total de ces envois s'est élevé à neuf millions de brochures pesant ensemble deux cent mille kilogrammes. En 1845, le journal the League a publié un million d'exemplaires, et le conseil a dépensé, en publications de toute espèce, une somme de 20,000 liv. st.

La parole n'a pas été moins active que la presse. En 1843, selon M. Fonteyrand, qui a puisé ce renseignement à bonne source, quatorze orateurs avaient parcouru, au nom de la ligue, cinquante-neuf comtés, et y avaient prononcé plus de six cent cinquante discours publics. Dans les derniers mois de 1845, et sans parler des nombreuses réunions qui eurent lieu dans la métropole, M. Cobden et M. Bright avaient harangué la foule avide de les entendre, à Birmingham, Blackburn, Barnley, Halifax, Huddersfield, Leeds, Sheffield, Wakefeld, Preston, Glocester, Bristol, Stroud, Bath, Nottingham, Derby et Wootton-under Edge. Soixante meetings avaient en outre été tenus dans les villes principales pour réclamer, dans la perspective de la disette qui s'annonçait, le libre commerce des grains. A aucune époque, l'esprit humain n'avait fait, pour une cause, si grande qu'elle fût, de tels frais de logique et d'éloquence.

Dans l'intervalle et comme en se jouant, la ligue semait les institutions utiles. Elle bâtissait à Manchester un immense édifice, un temple élevé à la liberté commerciale, qui peut contenir dix mille personnes, et où l'industrie manufacturière tient déjà ses assises. Elle prenait l'initiative de ces expositions de l'industrie, que l'Angleterre ignorait, et qui, d'abord inaugurées à Manchester en 1842, se sont renouvelées à Londres avec le même succès en 1845. Enfin, ne trouvant pas une grande sympathie auprès du clergé de l'église anglicane, qui vit de la dîme levée sur les fruits du sol, et qui dépend par conséquent de la propriété foncière, la ligue convoquait à Manchester un concile des ministres dissidens, et faisait bénir par eux, comme une autre croisade, cette levée de boucliers des villes contre les campagnes, de la bourgeoisie industrielle contre l'aristocratie.

Il y a loin encore de l'agitation au pouvoir, même dans les gouvernemens les plus populaires. La ligue avait beau inspirer l'opinion publique : sa voix, obéie à Manchester, écoutée dans toutes les villes manufacturières, expirait à la porte du parlement. La chambre des communes, la chambre qui était le produit du bill de réforme, provoquée chaque année, car la motion de M. Villiers, à modifier les lois sur les grains, avait constamment refusé, à une immense majorité, de porter la main sur cette arche sainte de la propriété foncière. Désespérant d'agir par l'opinion sur le parlement, la ligue résolut de s'adresser au corps électoral.

En 1834, sir Robert Peel, chef d'un parti vaincu, avait conseillé à ses amis d'user dans leur intérêt, et contre leurs adversaires, des droits que l'acte de réforme leur conférait. La ligue s'est approprié ce mot d'ordre : à l'exemple des conservateurs, elle enrôle les électeurs par centaines. Une chaumière qui représente un loyer de quarante shillings donne le droit de voter aux élections de comté ; quiconque possède un capital de soixante livres sterling, un fils de famille, un commis, un ouvrier même peut acquérir ainsi le suffrage. La population urbaine va prendre droit de cité dans les campagnes, et l'épargne, qui n'était jusqu'à présent qu'une source d'aisance, mène enfin à l'indépendance politique. C'est l'avènement d'une classe nouvelle, c'est presque un changement dans la constitution.

Les opérations électorales de la ligue ont été dirigées avec une telle activité, que, dès la première année de ce travail et en agissant sur les listes urbaines, elle avait déplacé la majorité dans trente-deux bourgs. Restaient les comtés, qui sont la citadelle de l'aristocratie territoriale. La ligue en a envahi neuf, les plus considérables par la population et par la richesse, Middlesex, Lancastre, Warwik, Stafford, Chester, York, Gloucester, Somerset et Surrey, représentant 143,000 votans, ou le tiers des électeurs ruraux dans l'Angleterre proprement dite. Dans ces collèges, elle a conquis en deux ans une majorité claire et nette de 16,446 voix [3]. Par ce seul fait, l'ascendant du parti conservateur était remis en question. Faut-il s'étonner si les journaux tories ont sonné l'alarme, et si la coterie des ducs, lâchant la bride aux sociétés d'agriculture, a voulu en faire encore une fois des agences électorales ?

C'est des conquêtes de la ligue en matière d'élections que date réellement son influence. Jusque-là, comme l'a dit spirituellement M. Sidney Herbert [4], elle ressemblait un peu à une armée de théâtre, faisant constamment parader les mêmes acteurs. On entendait le bruit, mais on doutait du nombre. L'incrédulité s'est dissipée à la publication des listes électorales. Quand on a vu tout le chemin que la ligne avait parcouru en si peu de temps, on a compris qu'une puissance jusqu'alors inconnue à l'Angleterre venait de se révéler, et les deux fractions de l'aristocratie, les whigs comme les tories, sont accourues pour empêcher, en concédant la réforme réclamée par la ligue, que le gouvernement du pays ne passât tout-à-fait dans ses mains.

Je sais que les circonstances ont favorisé et hâté le succès de l'agitation. Le déficit de la récolte, la perspective menaçante d'une famine en Irlande, le mécontentement des ouvriers en Angleterre, voilà sans doute le plus formidable argument que l'on puisse invoquer contre le monopole des subsistances ; mais cet état de choses n'aurait pas suffi pour déterminer la chute définitive du système protecteur. L'Angleterre s'était déjà trouvée plus d'une fois aux prises avec les difficultés d'une disette, et chaque fois la suspension temporaire des lois sur les céréales y avait pourvu. Le danger passé, la protection reprenait son empire ; les propriétaires fonciers recommençaient à rançonner le peuple, et le gouvernement se rendormait.

Il est certain qu'en ouvrant les ports du royaume aux grains étrangers, sir Robert Peel aurait pu, pour quelque temps, conjurer le mécontentement général. Les mauvais résultats de la récolte n'ont pas décidé les hommes publics, mais leur ont servi de prétexte et d'excuse pour colorer un changement de conduite. Supposez que la ligue n'eût pas existé, ou qu'elle n'eût pas fait les mêmes progrès dans la confiance des électeurs, toutes choses restant d'ailleurs égales, la pomme de terre manquant à quatre millions d'Irlandais, et le prix du pain ayant augmenté d'un quart ou d'un tiers en Angleterre, lord John Russell aurait-il écrit sa lettre aux électeurs de Londres, et, sir Robert Peel aurait-il provoqué une crise ministérielle aux dépens de l'union qui régnait dans sa majorité, afin d'étendre le principe de la liberté commerciale jusqu'à ces régions de l'intérêt aristocratique, d'où il l'avait tenu jusqu'alors soigneusement écarté ?

Évidemment ce n'est pas une de ces convictions désintéressées qu'impose l'amour purement contemplatif de la science, c'est la raison d'état qui a parlé. Le chef des whigs a passé du côté de la ligue, à laquelle il apporte l'autorité de son nom et le concours d'un grand parti politique, quand il a vu que cette agitations prenait le caractère d'une lutte acharnée entre l'intérêt manufacturier et l'intérêt agricole, et que les gens de Manchester étaient devenus assez forts pour donner le signal d'une guerre intestine entre les diverses classes de la société. Il est venu diriger le mouvement pour rester maître de le modérer et de le rendre moins exclusif. Quant au chef auquel appartient la direction du parti conservateur, il a jugé bien vite, avec la sûreté habituelle de son coup d'œil, que, s'il permettait à lord John Russell d'occuper cette position, c'en était fait du gouvernement, qui laissait usurper ainsi son rôle d'arbitre. Perdre la majorité dans la chambre des communes et retomber peut-être dans la situation d'une minorité factieuse, voilà le sort qui était réservé au parti conservateur, dans le cas où le programme de 1842 serait resté le programme de 1846. Sir Robert Peel n'avait pas tiré miraculeusement l'aristocratie de dessous les décombres de la réforme, en 1834, pour la laisser périr douze ans plus tard, en défendant sans espoir la brèche ouverte dans la législation sur les céréales. Aux dépens de sa réputation et de son repos, il a préféré faire violence, pour le sauver, au grand parti qui lui avait confié ses destinées.

« J'ai toujours prévu, disait M. Cobden dans une assemblée publique, à la fin de décembre, que nous aurions à culbuter, avant de réussir, un ou deux gouvernemens [5]. » La prophétie s'est accomplie à la lettre. En effet, non-seulement la ligue a renversé le ministère de sir Robert Peel tout le temps qui a été nécessaire pour humilier la résistance du duc de Wellington, mais elle a réduit encore les whigs à la dure nécessité d'étaler les infirmités qui leur rendaient l'exercice du pouvoir impossible. La ligue a obligé le ministère tory à faire en quelque sorte peau neuve ; elle a fait avorter dans son germe la tentative de ranimer l'ancienne combinaison whig. Le terrain du gouvernement est donc maintenant déblayé et peut recevoir la semence nouvelle.

Dans l'intervalle qui s'est écoulé entre la reconstitution du ministère et la présentation au parlement du projet de réforme commerciale élaboré par sir Robert Peel, les deux partis extrêmes, qui sont les véritables personnages de ce drame, ont cherché à se fortifier et à faire des recrues. Les résultats obtenus sont-ils les mêmes pour l'un comme pour l'autre, et sont-ils également préparés à la bataille décisive qui va s'engager ?

La ligue a montré une rare habileté dans cette crise. La vapeur des révolutions lui avait d'abord monté à la tête : en présence des cabinets faits ou à faire qui s'écroulaient l'un sur l'autre, elle imaginait déjà qu'aucune puissance ne tiendrait devant elle, et quelques paroles de haine ou de subversion s'étaient mêlées à ses cris de victoire ; mais la réflexion n'a pas tardé à modérer cet emportement, qu'expliquait d'ailleurs ce qu'il y avait d'inattendu dans le succès. Pour ne gêner aucune combinaison, pour éviter d'être un embarras et un obstacle, la ligue a pris une attitude expectante. Après avoir pourvu à toutes les éventualités par l'ouverture de cette magnifique souscription que les manufacturiers de Manchester ont remplie dans une soirée jusqu'à concurrence de 15,000,000 de francs, elle a suspendu ses réunions publiques. M. Cobden et M. Bright ont laissé la parole aux évènemens. Le théâtre de l'agitation, la salle de Covent-Garden, a été rendue aux amusemens de la saison. Toute polémique a cessé, et l'on met ce repos à profit pour resserrer, dans l'intérieur du parti, les liens un peu relâchés de la discipline.

En attendant, les manufacturiers, qui forment le conseil exécutif de la ligue, ont pris individuellement, mais sous une inspiration commune, une résolution qui va les réconcilier tout-à-fait avec les classes inférieures. On sait que les ouvriers des manufactures, loin de s'associer à l'attaque dirigée par les organes de la bourgeoisie contre les privilèges dont jouit la propriété foncière, avaient protesté, à plusieurs reprises, de leur indifférence profonde pour ce mouvement. Bien peu d'entre eux, en effet, comprennent la différence de situation qui résulte pour un ménage laborieux du bon marché des alimens, et ils ne s'inquiètent généralement que de la hausse ou de la baisse des salaires. L'aristocratie, avec laquelle ils ne sont pas habituellement en contact, ne saurait froisser leurs intérêts immédiats, ou leur devenir odieuse. La domination qu'ils supportent avec impatience, c'est celle du maître qui les emploie. Voyant se former sous leurs doigts les richesses que l'industrie accumule, ils finissent par croire que les profits de cette industrie se répartissent d'une manière trop inégale entre le capital et le travail. De là les coalitions qu'ils trament entre eux, tantôt pour obtenir une augmentation dans le prix de la main-d'œuvre, tantôt pour amener une réduction dans le nombre des heures que dure la journée.

Sur ce dernier point, celui que les ouvriers ont le plus à cœur, les chefs de la manufacture sont prêts à faire les concessions que réclame l'opinion publique. Ils ont déclaré qu'aussitôt après l'abrogation des lois qui concernent les céréales, la durée du travail dans les usines et dans les ateliers serait réduite à onze heures par jour. L'expérience de quelques-uns d'entre eux, et notamment de la maison Gardner, à Preston, autorise à penser que la quantité des produits ne diminuera pas dans la proportion des heures retranchées au travail, et que les salaires garderont, à peu de chose près, le même niveau ; mais en revanche la santé des femmes et des jeunes gens, la moralité des ménages et l'ordre public y gagneront parmi les populations industrielles. Les ouvriers auront plus de temps à donner à la culture de leur intelligence et à l'éducation de leurs enfans ; la famille cessera d'être une exception sociale, à l'usage exclusif des classes que la fortune a élevées au sommet de sa roue.

Cette concession des fabricans parait avoir calmé les haines qui fermentaient dans les bas quartiers des villes industrielles. La cherté du pain a contribué aussi à ouvrir les yeux de la classe ouvrière ; elle commence donc à faire cause commune avec la ligue, et figure au rang le plus humble, mais non pas le moins important, de ses souscripteurs. Désormais la ligue ne se bornera plus à représenter les classes moyennes ; les maîtres de la manufacture seront aussi les chefs des ouvriers. Les multitudes, qui manquaient à cette grande armée, entrent enfin dans les cadres. La puissance de la ligue est complète et presque sans bornes ; malheur à qui la mettra dans la nécessité d'en faire usage !

Pendant que la ligue attire à elle de nombreuses recrues des deux extrémités de l'échelle sociale, le parti des propriétaires fonciers, qui avait sous la main une clientèle dès long-temps assurée dans la population des campagnes, voit la plupart de ces vassaux, dont la fidélité a été récompensée par la misère, impatiens d'échapper à l'oppression qui pèse sur eux. Pendant que l'armée industrielle grossit, l'armée agricole se dissipe. Les fermiers tiennent encore bon, quoique plusieurs, séduits parla prospérité des districts de l'Écosse, où le fermage se paie en grains, se soient déclarés pour l'abolition des lois sur les céréales ; mais parmi les laboureurs, les simples journaliers, le mécontentement est unanime. Ils peuvent gagner à un changement, et ils n'ont absolument rien à y perdre. Pourquoi défendraient-ils les lois sous l'empire desquelles ils sont descendus à cet état de dégradation dont aucun autre peuple libre en Europe ne présente le spectacle ?

Les journaux conservateurs ont rendu compte des nombreux meetings qui ont été tenus dans les comtés, soit pour sommer les députés trop libéraux de donner leur démission, soit pour recevoir le serment prêté au système protecteur par les députés fidèles, soit même pour écouter les lamentations du duc de Richmond, et pour faire un autodafé solennel de quelque numéro du Times. De pareilles solennités peuvent exercer de l'influence sur les décisions de la chambre des communes, et déterminer par exemple des membres scrupuleux ou timorés à abandonner leur poste ; mais elles ne détourneront pas le courant de l'opinion publique. Les hommes qui assistent à ces réunions ne l'espèrent point eux-mêmes, car le ton de leur harangue est uniformément celui du désespoir, et je ne sais plus lequel de ces malencontreux orateurs n'a pas fait difficulté d'annoncer à son auditoire que le projet du ministère recevrait la sanction du parlement.

Aux doléances des squires et aux déclamations des ducs, il n'y a qu'à opposer le récit des réunions dans lesquelles les laboureurs n'empruntent pas, pour expliquer leur situation, la voix de leurs maîtres. Vers la même époque où la société centrale d'agriculture, présidée par le duc de Richmond, s'insurgeait contre sir Robert Peel et contre la ligue, un million de laboureurs s'assemblaient à Goatacre dans le comté de Wilts pour délibérer sur leur commune détresse. Ce meeting avait lieu, par une soirée d'hiver, dans un carrefour formé par plusieurs routes. La pauvreté de ces bonnes gens ne leur avait pas permis d'élever une tribune pour le président et pour les orateurs, ni d'offrir un abri à l'auditoire. Une planche, supportée par quatre pieux et adossée à une haie, servait de plate-forme, et cinq ou six lanternes éclairaient de leur lumière douteuse des groupes composés de femmes et d'enfans en haillons. Un laboureur avancé en âge, étant appelé à présider, dit ces simples paroles

« Vous savez, compagnons, par votre propre expérience, que nous sommes dans la détresse et dans la pauvreté. Vous êtes réunis ici ce soir pour faire connaître cette détresse à sa majesté et à ses ministres, pour les prier d'ouvrir les ports et de rapporter les lois sur les grains, qui sont injustes, afin que nous puissions, nous et nos familles, jouir des bienfaits de la Providence. En ce qui touche mes propres souffrances, je n'ai que six shillings (7 fr. 55 c.) par semaine pour vivre et pour faire vivre ma femme avec deux petits enfans. Je ne puis pas gagner assez pour notre subsistance. Il faut trouver 6 liv. st. 10 sh. (168 fr.) par an, pour payer le loyer de la maison que j'occupe et du jardin, et la récolte de pommes de terre a manqué. Je dis donc : Unissons-nous tous ensemble, et demandons la liberté du commerce. (Applaudissemens.) La liberté du commerce pour toujours ! (Nouveaux applaudissemens.) Pourquoi avons-nous été jetés dans ce monde ? n'est-ce pas pour le bien de la société ?... Dieu nous a donné l'intelligence, la volonté et des facultés, qu'il fait servir d'instrument à ses desseins. Dieu jeta les yeux sur son peuple en Égypte, et, voyant l'affliction dans laquelle il était plongé, suscita Moïse pour le délivrer. Plus tard il suscita Gédéon pour tirer ce peuple des mains des Madianites, et Cyrus pour faire cesser la captivité de Babylone. Dans une époque plus voisine de la nôtre, Dieu appela Olivier Cromwell et plusieurs autres pour faire ce qui devait être fait. Aujourd'hui, n'y a-t-il pas aussi un Cobden, un Bright et un Radnor ? Il ne nous appartient pas de rechercher si ces hommes sont bons ou méchans ; il nous suffit de savoir qu'ils font une œuvre bonne et morale dans l'intérêt de la nation. (Applaudissemens.)

« Il est une classe de personnes dont je voudrais parler, parce que vous en avez quelques-uns parmi vous, pauvres gens, qu'il faut plaindre, parce qu'ils craignent, là où la crainte ne devrait pas exister. Il craignent d'être renvoyés de leur travail et chassés de leur maison ; ils ont peur de tel homme puissant, ou de tel autre également puissant, ou de tel autre encore ; ils redoutent la furie de l'oppresseur. N'ayez pas peur, mes pauvres compagnons, car l'Écriture dit : « Toute langue qui prononcera contre toi une sentence, tu la condamneras. » Levons-nous donc, mes compagnons, pour demander de bonnes lois, la liberté et l'égalité. Je ne porte pas envie à l'homme riche à cause de ses richesses ; mais n'est-il pas déraisonnable et arbitraire que le riche possède exclusivement et absolument le pouvoir d'envoyer au parlement les membres qui doivent faire les lois ? Lorsque tout homme doit obéir à toute loi qui est rendue, tout homme ne devrait-il pas être consulté ? Et maintenant, un mot ou deux aux protectionistes. A quoi leur sert de défendre les lois sur les grains, après qu'il a été démontré que ces lois ne leur étaient d'aucun avantage ? Mais ils se laissent conduire par le duc de Buckingham et par d'autres, tout comme cet ours que des italiens mènent par les rues et qu'ils taillent ensuite en pièces pour en faire de la graisse d'ours, quand il leur a rapporté assez d'argent. C'est ainsi que l'on traite le pauvre fermier, et que le pauvre laboureur est conduit à la misère et à la ruine. »

« On prétend, dit un autre laboureur, que la liberté du commerce empirerait notre situation. Je ne crois pas que cela soit possible, et je voudrais en tout cas que l'on en fit l'expérience. J'ai entendu dire que, dans les siècles passés, les journaliers avaient pour nourriture du pain, du beurre, du fromage, du boeuf, du porc, et pour boisson de la bière ; maintenant nos alimens sont des pommes de terre de mauvaise qualité avec du sel. Je rends souvent grace au ciel de ce qu'il a, dans sa bonté, semé autour de nous les torrens et les ruisseaux en abondance, et de ce que la griffe de l'impôt n'y est pas marquée. »

« Qui a de l'argent ici ? s'écrie un troisième. Personne peut-être ! — Voilà cinq semaines, répond quelqu'un du plus épais de la foule, que je n'ai possédé un liard. » Un quatrième produit son budget de l'année, qui donne cinq shillings et demi (7 fr. environ) à répartir par semaine entre huit personnes. Un cinquième apporte une pomme de terre noire de pourriture, et dit : « Voilà de quoi se nourrit ma famille ; les porcs n'en voulaient pas. »

La résignation touchante que respirent ces plaintes annonce une classe d'hommes cultivée, et qui porte le malheur avec une dignité peu commune. Cependant un levain d'amertume s'y mêle déjà. On sent vibrer dans ce langage, qui a la même couleur religieuse, quelque chose de la résolution qui animait les puritains disciplinés par Cromwell. Il ne faudrait pas trop prolonger l'épreuve de misère à laquelle l'état de l'ordre social expose tant de familles laborieuses, si l'on ne veut pas que des hommes qui commencent à regarder en face les grandeurs qui les oppriment, se livrent à des pensées de bouleversement et de désordre. Les ducs et les marquis, qui traitent les ligueurs de jacobins, n'ont qu'à jeter les yeux plus près de leurs manoirs seigneuriaux ; ils apercevront dans les campagnes, pour peu que la flamme tombe sur ces matières combustibles, tous les élémens d'une jacquerie.

Voilà donc la situation dans laquelle sir Robert Peel a trouvé les partis à l'ouverture du parlement britannique. La ligue était triomphante, l'aristocratie divisée et déchue de ses espérances ; il n'y avait pas un seul homme, en Angleterre, qui ne crût désormais que la dernière heure du système prohibitif avait sonné. Ajoutez qu'un gouvernement qui aurait résolu d'en finir avec cette difficulté ne pouvait pas rencontrer des circonstances plus favorables : au dedans, un commencement de disette, et par conséquent la nécessité de se procurer des grains à tout prix ; au dehors, des récoltes médiocres et des prix peu inférieurs à ceux de la Grande-Bretagne. Il était évident que la suppression complète des, droits d'entrée ne devait amener aucune perturbation dans les fortunes, et que des mesures de transition n'auraient plus dès-lors aucun caractère d'utilité.

Ces mesures, rien ne les sollicitait, ni l'état du pays, ni la ligue, ni les propriétaires eux-mêmes. Mais il est rare que les questions se posent aux gouvernemens sous une forme aussi simple ; les considérations de personnes, les antécédens des partis, l'intérêt de telle ou telle combinaison politique, viennent les compliquer à l'envi. En modifiant ses opinions et sa ligne de conduite, ainsi qu'il en a loyalement fait l'aveu, en passant d'un système de protection modérée au principe d'une liberté sans limite, sir

Robert Peel n'a pas pu s'affranchir, entièrement de la prétention d'établir un lien quelconque entre le présent et le passé. Il veut encore paraître conséquent avec lui-même, et que tous les partis trouvent leur compte à ce qu'il va faire. Accordant le principe aux uns, capitulant sur l'application avec les autres, il enfante une œuvre que l'on expliquerait difficilement, mais dans laquelle la grandeur de l'ensemble finit par couvrir la contradiction des détails.

Il y a, dans le projet soumis à la chambre des communes par sir Robert Peel, deux parties bien distinctes. Le premier ministre ne s'est pas borné à régler la difficulté capitale du moment. Poursuivant la réforme des tarifs commerciaux, réforme que Huskisson avait entamée à une époque où elle n'était pas sans péril, et que tous ses successeurs avaient continuée, chacun dans la mesure de ses lumières ou de ses forces, sir Robert Peel fait main basse sur ce qui reste encore des droits prohibitifs. Le tarif des douanes, conçu originairement dans un système de protection, est converti en instrument fiscal, en moyen de revenu. Tous les droits d'importation sont ramenés à un maximum de 10 à 15 pour 100 pour la valeur, et cela pour les marchandises de grosse consommation comme pour les objets de luxe, pour les produits dans lesquels l'infériorité du travail britannique est manifeste, aussi bien que pour les articles dans lesquels il défie la concurrence du monde entier. Sir Robert Peel ouvre le marché anglais à l'industrie étrangère, sans exiger, sans attendre même aucune réciprocité. C'est un exemple et une leçon qu'il donne aux peuples civilisés du continent, qui se traînent dans l'ornière mercantile. Peut-être aussi fallait-il que la nation qui avait fait la première la faute de s'envelopper d'une barrière infranchissable au commerce l'expiât aussi la première, et qu'elle en offrît la plus complète réparation.

Cette immense réforme se trouve déparée par quelques taches sur lesquelles je demande à ne pas insister. Peut-être encore les motifs n'ont-ils pas été aussi purs que la mesure est grande et bienfaisante. Sir Robert Peel a voulu faire payer au parti manufacturier le triomphe que celui-ci obtenait sur le parti agricole. Il a pris au mot les agitateurs qui demandaient la liberté de commerce la plus illimitée. Les manufacturiers avaient coutume d'alléguer qu'ils ne pouvaient pas lutter avec l'industrie étrangère, tant que leurs ouvriers paieraient le pain plus cher qu'on ne le paie aux États-Unis, en France ou en Allemagne. Sir Robert Peel, rétorquant ce raisonnement, a déclaré que les agriculteurs ne pouvaient pas produire le blé au prix de la Saxe ou de la France, tant que leurs vêtemens, leur ameublement et leurs constructions leur coûteraient plus cher qu'ailleurs. Ainsi quelques-uns réclamaient les avantages du bon marché, il en fait jouir tout le monde.

Le projet de loi stipule, en faveur de la propriété foncière, des compensations qui n'ont d'autre inconvénient que d'entamer, par les détails, une réforme administrative qui demanderait à être vue de plus haut et abordée avec plus d'ensemble. Ainsi, pour simplifier la surveillance et l'entretien des routes vicinales, qui dépendaient, en Angleterre seulement, de seize mille administrations locales, le premier ministre propose de réduire le nombre de ces commissions à cinq cents, en étendant le cercle dans lequel s'exercera leur autorité. Il diminue aussi le poids de la taxe des pauvres pour la propriété foncière, en décidant que les manufacturiers ne pourront plus, dans les temps de crise, repousser vers les paroisses rurales leurs ouvriers malades ou épuisés par le travail et par l'âge, et que cinq années de résidence dans une ville industrielle donneront droit aux secours que cette ville est tenue de distribuer.

Arrivons cependant à la partie du projet qui en est à la fois l'essence et la base, et sur laquelle seule paraît devoir porter le débat. Sir Robert Peel propose d'abolir les droits établis à l'importation des grains étrangers ; mais la suppression de ces droits ne sera pas immédiate. Le projet de loi réserve, en faveur des propriétaires intéressés au régime actuel, et pour dernière consolation, un délai de trois années. Il y a néanmoins une première réduction dans le tarif, réduction applicable à cette période triennale. Les droits, qui, selon le système de 1842, pouvaient s'élever à 22 shillings par quarter, sont renfermés entre une limite maximum de 10 shillings et une limite minimum de 4 sh., de telle sorte que le prix du blé n'excède jamais 58 shillings le quarter, soit à peu près 25 francs l'hectolitre.

Ce système apportera un soulagement réel à la situation de l'Angleterre. Il en résultera une diminution immédiate de 9 à 10 shill. dans la quotité des droits perçus à l'importation des grains étrangers l'introduction des blés sera donc immédiate et abondante ; mais ce droit de 4 shillings par quarter, qui ne pèse que faiblement sur le consommateur, tant que le prix du blé se maintient entre 50 et 60 shillings, ne pourrait plus être perçu dans le cas où le blé atteindrait des prix de famine. C'est là le principal défaut du projet ; sir Robert Peel fait la loi à une époque de disette, comme il la ferait pour une époque d'abondance, et le seul cas à prévoir est précisément celui que le ministre néglige.

Que feront maintenant les partis en présence de ce projet, qui est défectueux à beaucoup d'égards, et qui ne satisfait complètement personne ? Sir Robert Peel, avec un courage que lui commande sa position, insiste pour que la difficulté des céréales soit vidée avant toute autre, et déjà le débat vient de s'ouvrir, au bruit des pétitions qui pleuvent des deux côtés, chargées d'innombrables signatures [6]. Le parti agricole a eu le temps de recueillir son sang-froid et de se composer un maintien, il n'éclate plus en invectives. Il garde plus de ménagemens envers le ministre, mais il ne fait pas grace au projet. Les délais attachés à l'exécution de cette sentence rie désarment en aucune façon les adversaires du bill : les défenseurs de la protection n'y voient pour leur système qu'une agonie plus lente, et la mort est toujours au bout. La réforme politique leur semble un lit de roses auprès de la réforme commerciale ; sir Robert Peel est un révolutionnaire auprès de lord Grey. C'est pourquoi M. Sidney Herbert, interpellant cette émeute de grands seigneurs, leur a demandé s'ils entendaient que les lois sur les grains fussent une institution nationale.

La tactique du parti se dessine, au reste, très nettement dans l'amendement qu'a présenté M. Miles. Autant le ministère apporte d'empressement à faire décider le sort de la mesure, autant les grands propriétaires se croient intéressés à traîner la discussion en longueur. La chambre des communes ayant été nommée en majorité avec mandat tacite ou exprès de défendre les lois sur les céréales, ils prétendent que les électeurs soient consultés, et que l'on sache si la métamorphose qui vient de s'opérer dans les convictions du premier ministre s'est étendue à l'opinion du pays. Voilà ce que veut M. Miles, quand il demande l'ajournement de la discussion à six mois, formule qui, dans les usages du parlement britannique, équivaut à un rejet absolu.

La situation des whigs et des ligueurs est beaucoup plus difficile. Ils n'approuvent pas toutes les dispositions du projet, et ils ne pourraient cependant pas voter contre le bill sans compromettre l'avenir même de la cause, qui leur doit d'être en ce moment à la veille du succès. Dans une réunion qui s'est tenue chez lord John Russell, et à laquelle assistaient les membres principaux de l'opposition libérale, les conseils de la prudence ont prévalu. Il a été décidé que l'on ne tenterait pas une diversion qui ne profiterait qu'à l'ennemi commun. Lord John Russell en a fait lui-même à la chambre la déclaration formelle : « Je désire que la mesure du très honorable baronnet réussisse dans cette chambre et dans l'autre, et aucun vote ne sera émis par moi qui puisse la mettre en péril. Si donc, lorsque nous entrerons en comité, le très honorable baronnet vient nous dire que, tout bien considéré, le délai de trois années lui paraît être une partie essentielle de son plan, je n'hésiterai pas, pour mon propre compte, à passer de son côté dans la division [7]. »

Ce que les whigs n'osent pas, ils voudraient bien le voir tenter par leurs adversaires. Ainsi, tout en déclarant que l'opposition votera pour le projet, lord John Russell engage sir Robert Peel à examiner s'il n'y aurait pas avantage pour le gouvernement, pour la propriété foncière, pour l'industrie, pour la nation en un mot, à rentrer sans délai ni transition dans un système de liberté complète. On assure que le premier ministre ne serait pas éloigné d'adopter ce parti ; mais le duc de Wellington y est contraire, et il ne faut pas oublier que le duc seul dispose de la chambre des lords.

La division qui existe dans les conseils du gouvernement paraît s'étendre aussi au conseil exécutif de la ligue. M. Cobden, l'homme politique, l'homme d'état du parti, pense qu'il faut, avant tout et quoi qu'il arrive, soutenir le ministère. D'autres, plus ardens ou moins expérimentés, voudraient que l'on combattît le projet, au risque d'accabler le ministère par le feu croisé des libéraux et des conservateurs. C'est la lutte naturelle que livre dans tous les partis, à l'esprit de gouvernement, l'esprit révolutionnaire. Dans la chambre des communes, les représentans de la ligue n'ont pas même pris la parole ; mais le journal de la ligue a déclaré, en termes formels, que, si les organes de cette opinion ne pouvaient pas obtenir la suppression immédiate de tout droit d'entrée sur les grains, ils voteraient pour le projet de sir Robert Peel. A tout évènement, la double déclaration de lord John Russell et de la ligue fixe le sort de la loi ; elle obtiendra très certainement une majorité de plus de cent voix dans la chambre des communes.

Supposons le vote émis et le débat terminé ; laissons le premier ministre aux prises avec le ressentiment de ses anciens amis, et recomposant péniblement, à l'aide du temps, la phalange aristocratique. Que va devenir l'association formidable qui a triomphé en peu de temps, et par la seule influence de l'opinion publique, des forces combinées de la propriété foncière et du gouvernement ? La ligue, en un mot, va-t-elle se dissoudre ? C'est pour faire cesser l'agitation, c'est, afin de rendre le pouvoir au gouvernement régulier, que sir Robert Peel sacrifie le système protecteur. Il espère donc que la ligue rentrera majestueusement dans le repos, après avoir contemplé son ouvrage. La ligue elle-même en avait peut-être l'intention, lorsque M. Cobden disait en son nom, à Manchester : « Tout nouveau principe politique doit avoir ses représentans spéciaux, de même que toute foi a ses martyrs. C'est une erreur de supposer que notre association peut être employée à d'autres desseins. C'est une erreur de supposer que des hommes qui se sont distingués dans la défense de la liberté commerciale puissent désormais s'identifier avec la même énergie et le même succès à tout autre principe. Ce sera bien assez pour la ligue d'avoir assuré le triomphe du principe qui est devant nous [8]. »

Mais le projet de sir Robert Peel, en rejetant dans l'avenir la suppression complète des droits établis à l'importation des grains, autorise en quelque sorte la ligue à rester en état d'observation, et à ne pas licencier ses troupes. Le principe de la liberté commerciale est reconnu, le gouvernement le proclame ; mais il reste à en surveiller l'application. La ligue entre dans une nouvelle phase de son existence, plus pacifique peut-être, mais non pas moins ambitieuse. Elle va régler l'exercice du pouvoir qu'elle a conquis. Elle a trouvé dans la liberté du commerce, selon la belle expression de M. Cobden, le principe de la gravitation dans le monde moral ; il lui reste à en déterminer les lois et à en déduire les conséquences.

Au surplus, quand on accorderait que la mission apparente, ostensible, de la ligue touche à son terme, il resterait encore à examiner si le mouvement d'ascension et d'expansion qu'elle a suscité et qu'elle représente au sein de la classe moyenne peut s'arrêter en un jour.

Nous montrerons aux propriétaires fonciers, disait encore M. Cobden à Manchester, que nous pouvons transférer le pouvoir des mains d'une seule classe aux mains des classes moyennes et industrieuses de l'Angleterre. Nous continuerons ce mouvement, et j'espère qu'il ne s'arrêtera jamais [9]. »

Oui, j'en crois M. Cobden et M. Bright, la ligue est la lutte des populations manufacturières contre les propriétaires du sol. Dans cette guerre sociale, l'abolition des lois sur les céréales marquera peut-être un temps d'arrêt ; mais ni l'une ni l'autre classe ne posera les armes. La ligue a conquis une position ; il lui en reste d'autres à prendre. Les manufacturiers ne paieront plus tribut aux propriétaires fonciers ; mais l'aristocratie, en perdant ce privilège, conserve encore la prépondérance législative ; la richesse mobilière et industrielle ne pèse pas, dans l'état, du même poids que le capital représenté par le sol. L'aristocratie n'a légalement qu'une seule tête, mais de fait elle en a deux. Il existe d'autres irrégularités sociales, d'autres supériorités que celles qui sont inscrites dans la hiérarchie parlementaire, et celles-là demandent aussi à être reconnues. La manufacture prétend marcher l'égale du manoir. C'est une révolution qui commence ; ce n'est pas une agitation qui finit.

Peu importe donc que la ligue fondée en 1838 soit ou ne soit pas dissoute. Les manufacturiers de la Grande-Bretagne ont appris à s'associer ; ils connaissent leurs intérêts communs, ils ont un but tracé devant eux. Au moindre évènement, au premier signal, ils seront toujours prêts à marcher de concert. La puissance existe, elle est organisée ; on s'en servira quand on voudra.

LÉON FAUCHER

NOTES

[1] Discours de M. Cobden à Covent-Garden, 18 décembre 1845.

[2]Études sur l'Angleterre, t. II.

[3] Discours de M. George Wilson à Manchester, décembre 1845.

[4] Chambre des communes, séance du 9 janvier.

[5] « I have always expected that we sbould knock one or two governements on the head, before we succeded. » (Speech at Covent-Gardon).

[6] La seule pétition du comté de Lancastre contre la loi sur les céréales porte 314,500 signatures.

[7] Lord John Russell's speech, 9 février 1846.

[8] Cobden's speech, Manchester, 15 janvier 1846.

[9] Ibid., 20 décembre 1845.

www.ingramcontent.com/pod-product-compliance
Lightning Source LLC
Chambersburg PA
CBHW072253200526
45168CB00015B/1740